Isabel Allende: Recuerdos para un cuento
Memories for a Story

Por / By Raquel Benatar

Ilustrado por / Illustrated by
Fernando Molinari

Traducido al inglés por
Translated into English by
Patricia Petersen

PINATA BOOKS

Piñata Books
Arte Público Press
Houston, Texas

La publicación de *Isabel Allende: Recuerdos para un cuento* ha sido subvencionada por la ciudad de Houston por medio del Concilio de Artes Culturales de Houston, Condado de Harris. Les agradecemos su apoyo.

Publication of *Isabel Allende: Memories for a Story* is made possible through support from the City of Houston through The Cultural Arts Council of Houston, Harris County. We are grateful for their support.

Arte Público Press le agradece a Isabel Allende su contribución a este libro.
Arte Público Press gratefully acknowledges Isabel Allende for her contribution to this book.

¡Los libros Piñata están llenos de sorpresas!
Piñata Books are full of surprises!

Piñata Books
An Imprint of Arte Público Press
University of Houston
452 Cullen Performance Hall
Houston, Texas 77204-2004

Benatar, Raquel.
   Isabel Allende: Recuerdos para un cuento / por Raquel Benatar; ilustrado por Fernando Molinari = Isabel Allende: Memories for a story / by Raquel Benatar; illustrated by Fernando Molinari; English translation by Patricia Petersen.
     p. cm.
   Summary: A description of the childhood and youth of the Chilean author Isabel Allende.
   ISBN 1-55885-379-0 (alk. paper)
   1. Allende, Isabel—Childhood and youth—Juvenile literature.   2. Allende, Isabel—Family—Juvenile literature.
3. Allende family—Juvenile literature. 4. Authors, Chilean—20th century—Biography—Juvenile literature.
[1. Allende, Isabel—Childhood and youth. 2. Authors, Chilean. 3. Spanish language materials—Bilingual.]
I. Molinari, Fernando, ill.   II. Petersen, Patricia, 1945–   III. Title.

♾ The paper used in this publication meets the requirements of the American National Standard for Permanence of Paper for Printed Library Materials Z39.48-1984.

3 4 5 6 7 8 9 0 1 2   0 9 8 7 6 5 4 3 2 1

*A mi madre, a la que siempre recordaré. Que este libro sirva
de fuente de inspiración a todos los niños y niñas.*
—RB

*A mi familia y a mi novia Karen, quienes han sido un gran
apoyo en mi carrera y en mi vida personal.*
—FM

*To my mother who is always on my mind. May this book be
a source of inspiration for all children.*
—RB

*To my family and to my fiancée, Karen, who have been
supportive of my career and my personal life.*
—FM

La familia de Isabel era diferente.

Su abuela era una mujer simpática y extravagante que creía en los espíritus. Su abuelo Agustín, descendiente de un marinero español que había desembarcado en las costas de Chile a finales del siglo XIX, era un hombre trabajador y generoso. Amaba mucho a su joven esposa, y sus extravagancias le resultaban divertidas.

Isabel's family was different.

Her grandmother was a kind and eccentric woman who believed in spirits. Her grandfather, Agustín, a descendant of a Spanish sailor who had landed on the Chilean coast at the end of the nineteenth century, was hardworking and generous. He loved his young wife very much and was amused by her eccentricities.

De aquel matrimonio nació Francisca, la madre de Isabel. Francisca era una joven romántica que vivía muy protegida por sus padres. Cuando tuvo edad de casarse, su madre intentó alejarla de los pretendientes que no eran adecuados para ella.

—Hija mía, ese hombre no es para ti —le decía su madre—. Me lo han dicho los espíritus.

Pero el día que Francisca conoció a Tomás Allende, no hizo caso de los consejos de su madre. Se enamoró y se casó con el joven y apuesto diplomático. Pronto, partieron a Lima, Perú, donde nacieron Isabel y sus dos hermanos.

From this marriage, Francisca, Isabel's mother was born. Francisca was a romantic girl who was extremely sheltered by her parents. When Francisca was old enough to marry, her mother tried to discourage her from suitors who were not good enough for her.

"That man is not for you, my girl," her mother would say. "The spirits have told me so."

But the day Francisca met Tomás Allende, she paid no attention to her mother's advice. She fell in love and married the handsome young diplomat. Soon, they set off for Lima, Peru, where Isabel and her two brothers were born.

Isabel nació en una clínica un soleado día de agosto, pleno invierno en el hemisferio sur. Pero su abuela, que desconfiaba de los médicos, decidió sacarla ese mismo día del moderno edificio. Vistió rápidamente a Francisca y, a escondidas de las enfermeras, se escaparon de la clínica con la recién nacida.

Isabel was born in a clinic on a sunny day in August, midwinter in the Southern Hemisphere. But her grandmother, who had no faith in doctors, decided to take her away that same day from the modern building. Quickly, she dressed Francisca and, hiding from the nurses, they fled the clinic with the newborn.

Francisca y Tomás no se llevaban bien. Decidieron separarse, y Francisca regresó a Chile con sus tres hijos a vivir a casa de sus padres. Tomás no volvió a verlos. Fue así como Isabel y sus hermanos se criaron en la casona familiar que tenían los abuelos en la ciudad de Santiago.

Isabel era una niña solitaria. Cuando nadie la veía, bajaba a escondidas al abandonado sótano de la casa. Allí se probaba vestidos de la abuela y jugaba rodeada de muebles viejos y cuadros cubiertos con inmensas telarañas.

Francisca and Tomás did not get along well. They decided to separate, and Francisca returned to Chile with her three children to live in her parents' house. Tomás never saw them again. Isabel and her brothers grew up in the big family home that her grandparents had in Santiago.

Isabel was a lonely girl. When no one was looking, she would sneak down to the abandoned basement. There she tried on her grandmother's dresses and played surrounded by old furniture and pictures covered in giant cobwebs.

En el sótano, Isabel pasaba largas horas mirando fotos antiguas. Pero sobre todo, leía a la luz de una vela libros cubiertos de polvo que le relataban unas increíbles aventuras. Esas aventuras la transportaban a mundos lejanos y las vivía como si fueran su propia vida. Cuando llegaba la noche, les contaba a sus hermanos las fantásticas historias que había vivido, llenando sus sueños de horribles pesadillas.

Isabel spent long hours in the basement looking at old photos. But most of all, she read by the light of a candle the dust-covered books that told of incredible adventures. These adventures took her to faraway places she imagined were part of her own life. When night came, she would tell her brothers the fantastic stories she had experienced, filling their dreams with horrible nightmares.

A Isabel le fascinaba el mundo mágico de su abuela. Le gustaba observar las sesiones de espiritismo que su abuela organizaba. Cuando llegaban los amigos de la abuela, era pleno día. La abuela corría las cortinas del comedor y encendía varias velas. Entonces todos se sentaban en silencio alrededor de la mesa y, en voz muy baja, llamaban a los espíritus.

Isabel se colocaba cerca de su abuela y escuchaba con atención los mensajes que enviaban a los espíritus. No sentía miedo, porque esas reuniones se hacían con un ánimo festivo.

Isabel was fascinated by her grandmother's magical world. She loved to watch the séances her grandmother held. When her grandmother's friends would arrive, it was still daylight. Her grandmother would draw the dining room curtains shut and light several candles. Then, everyone would sit silently around the table and call to the spirits in whispers.

Isabel would stand close to her grandmother and listen attentively to the messages sent to the spirits. She was not frightened, because these sessions were done in a festive atmosphere.

Isabel creció en esa casa repleta de libros, espíritus y parientes excéntricos. Fue feliz mientras vivió su abuela, pero ésta murió cuando Isabel era todavía pequeña. Con ella desapareció la alegría que hasta entonces había reinado en la casa familiar. El abuelo cayó en una profunda tristeza. Se vistió de negro, pintó los muebles de negro y se aisló en una habitación donde pasaba las horas perdido entre sus recuerdos y lecturas.

El silencio se instaló en la casona. La música y las voces infantiles callaron para siempre. Nunca más entraron los amigos de la abuela cargados con mensajes espirituales. Pero los recuerdos vivirían para siempre en el corazón de Isabel.

Isabel grew up in that house full of books, spirits, and eccentric relatives. She was happy while her grandmother lived, but she died when Isabel was still a child. With her grandmother's death the joy that until then had filled the family house disappeared. Isabel's grandfather fell into a deep sadness. He dressed only in black, painted the furniture black, and kept to one room, spending his hours lost among his memories and books.

Silence settled upon the old house. Music and children's voices were gone forever. Never again would grandmother's friends come bearing messages from the spirits. But the memories would live forever in Isabel's heart.

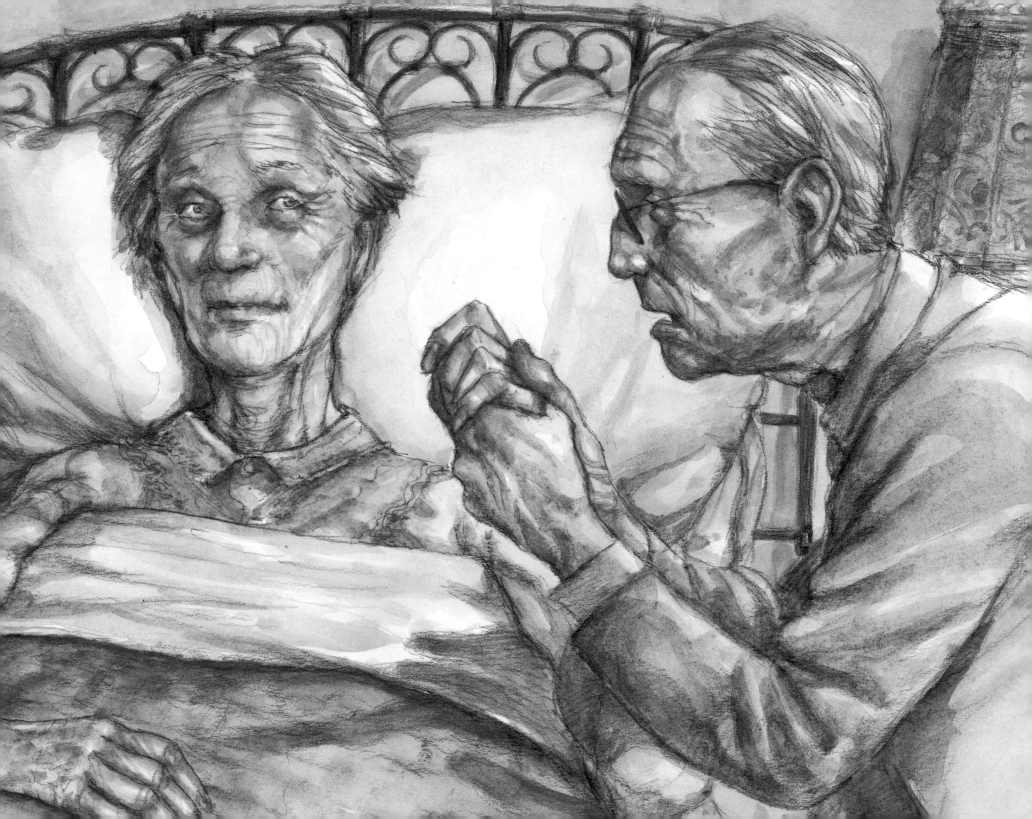

Isabel se convirtió en una niña imaginativa y callada. Vivía en su propio mundo interior, dedicada a leer, estudiar e inventar cuentos que a veces escribía. Sin embargo, el ambiente libre de la casona familiar chocaba con el severo entorno en el que Isabel estudiaba.

Un día, las maestras se escandalizaron con un concurso de calcetines que Isabel había organizado y en el que las chicas tenían que enseñar las piernas. Isabel fue expulsada del colegio alemán de monjas y trasladada a un severo colegio inglés.

Isabel became an imaginative and quiet girl. She lived in her own world, dedicated to reading, studying and inventing stories that she sometimes wrote down. But the carefree atmosphere of the big family house clashed with the strict environment in which Isabel was schooled.

One day, the teachers were scandalized by a sock contest that Isabel organized in which the girls had to show their legs. Isabel was expelled from the German religious school and sent to a strict English academy.

A los pocos meses de llegar al nuevo colegio, Isabel hizo su Primera Comunión. La directora le entregó una lista de pecados para que confesara los que había cometido. Como no conseguía recordar sus pecados, Isabel confesó los más graves, pensando que así le perdonarían los menos importantes. Pero Isabel se equivocó. En lugar de perdonarla, la directora la castigó lavándole la boca con jabón.

A few months after arriving at the new school, Isabel made her First Communion. The headmistress handed her a list of sins, expecting her to confess those she had committed. Because Isabel could not remember every sin, she confessed to the most serious, thinking she would be forgiven the less important ones. But Isabel was wrong. Instead of forgiving her, the headmistress punished Isabel by washing out her mouth with soap.

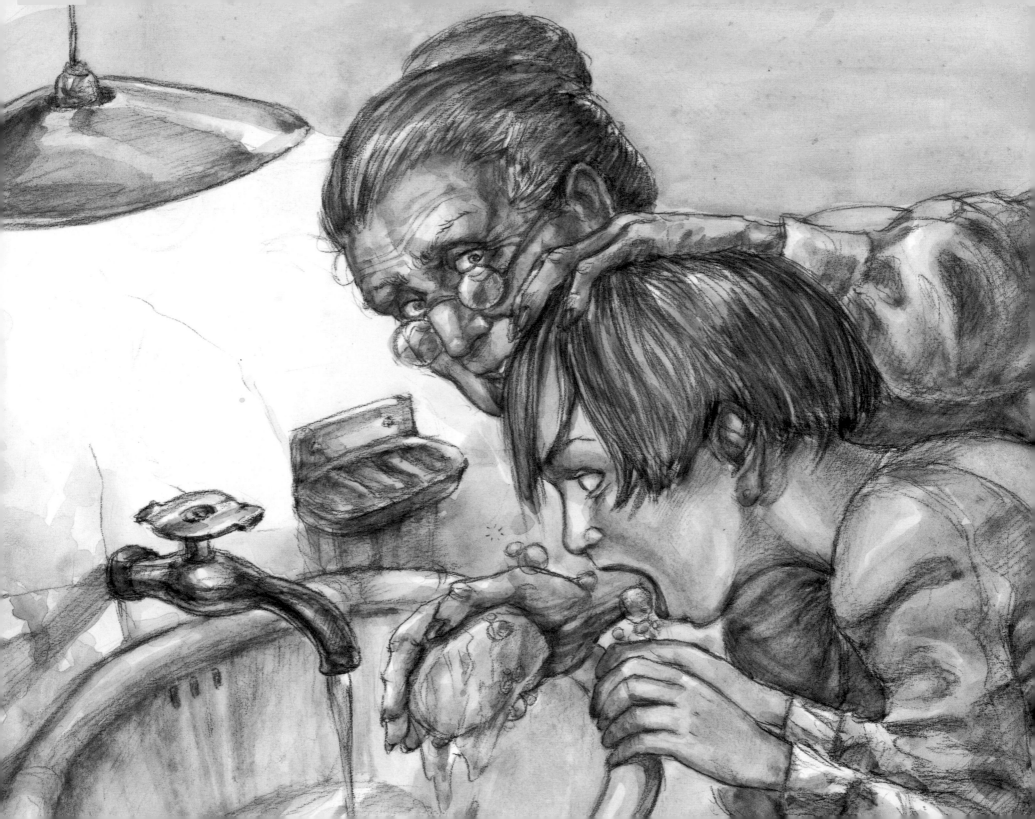

Cuando terminaba el año escolar, la familia se trasladaba en un pesado automóvil negro a la destartalada casa que los abuelos tenían en la playa. Allí, Isabel disfrutaba jugando con sus hermanos en el mar y recogiendo caracoles. Pero el momento más especial era cuando su madre la tomaba de la mano y trepaban juntas hasta lo alto de una roca para ver la caída del sol. Cuando los últimos rayos del sol desaparecían en el mar, las dos pedían un deseo.

When the school year ended, the family would travel in a big black car to the big ramshackle house that Isabel's grandparents had at the seashore. There, Isabel enjoyed playing in the surf with her brothers and collecting seashells. But what she enjoyed most was when her mother would take her hand and together they would climb to the top of a boulder to look at the sunset. As the last rays of the sun disappeared into the sea, both would make a wish.

Isabel tenía once años cuando su madre se casó con un diplomático, Ramón Huidobro. A la familia le esperaban unos años viajeros, pues, por su trabajo Ramón tenía que vivir en varios países. Isabel se despidió de la casona familiar y de su adorado abuelo para estar con su madre y su padrastro.

La separación no duró mucho, pues al cumplir los dieciséis años, Isabel regresó a Chile para terminar sus estudios secundarios. Se fue a vivir nuevamente con su abuelo, quien le contaba anécdotas de sus antepasados españoles y de su propia vida. Isabel atesoraba esos relatos.

Isabel was eleven years old when her mother married a diplomat, Ramón Huidobro. Several years of travel faced the family because Ramón's job required him to live in different countries. Isabel said good-bye to the family house and to her beloved grandfather to be with her mother and stepfather.

The separation did not last. When Isabel turned sixteen, she returned to Chile to finish high school. Once again, she lived with her grandfather, who would tell her stories of his Spanish ancestors and of his own life. Isabel treasured these tales.

Isabel no tardó mucho en casarse. Se casó con Miguel Frías y tuvo dos hijos, Paula y Nicolás. Isabel ya no vivía en la casona familiar, pero visitaba a su abuelo todos los días, con quien mantenía largas conversaciones mientras tomaban el té.

Un día hubo un terrible golpe militar en Chile. Muchas personas murieron, entre ellas Salvador Allende, Presidente de Chile y pariente de Isabel. Afortunadamente, Isabel, su marido y sus hijos lograron escapar a tiempo y se fueron a vivir a otro país.

Isabel did not wait long to marry. She married Miguel Frías and had two children, Paula and Nicolás. Isabel no longer lived in the family house, but every day she visited her grandfather, with whom she had long conversations while having tea.

One day, there was a terrible military coup in Chile. Many people died, among them Salvador Allende, President of Chile and a relative of Isabel's. Fortunately, Isabel, her husband, and her children managed to escape in time and went to live abroad.

Desde la distancia, Isabel le escribía a su abuelo Agustín, que ya era muy anciano. Cuando recibió la noticia de que su abuelo se estaba muriendo, Isabel sintió una enorme tristeza. Entonces, decidió escribirle una carta. Era una carta muy larga que él nunca leería. En ella, se puso a recordar los momentos más hermosos de su infancia. De aquella carta nació su primera novela, *La casa de los espíritus*, que cambiaría su vida para siempre.

While away, Isabel wrote to her grandfather, Agustín, who was already very old. When she received the news that her grandfather was dying, Isabel felt an enormous sadness. That is when she decided to write him a letter. It was very long and he would never read it. In it she began to recall the happiest moments of her childhood. That letter became her first novel, *The House of the Spirits*, which would change her life forever.

Desde entonces, Isabel se dedica a escribir historias llenas de magia que nos hacen pensar en la abuela espiritista o en la enorme casona llena de libros, de muebles viejos y de personajes extraordinarios.

Gracias a esos recuerdos, a sus viajes por el mundo, a los relatos que leyó y escuchó, y a su increíble habilidad para contar historias, Isabel es hoy una escritora famosa. Todos la conocemos como Isabel Allende.

From then on, Isabel has dedicated herself to writing stories full of magic that recall her spiritist grandmother, the big old house full of books and old furniture, and extraordinary characters.

Thanks to those memories, her trips throughout the world, the stories that she has read and heard, and her incredible story-telling ability, Isabel is now a famous writer. We all know her as Isabel Allende.

Raquel Benatar nació en Marruecos y se crió en Madrid, España. Su rica herencia cultural y su experiencia como psicóloga infantil le han servido de inspiración para escribir libros sobre la vida de personas extraordinarias y ponerlos al alcance de jóvenes lectores. Raquel vive ahora en California, donde se divierte pintando, jugando con su gata y haciendo nuevos amigos.

Raquel Benatar was born in Morocco and grew up in Madrid, Spain. Her rich cultural heritage and her experience as a child psychologist have inspired her to write books about the lives of extraordinary people and make them accessible to young readers. Raquel now lives in California, where she enjoys painting, playing with her cat, and making new friends.

Fernando Molinari nació en Argentina. Ha dibujado y pintado desde su infancia. Sus libros de seres mágicos reflejan el mundo de fantasía que llenó su imaginación cuando era un niño. Fernando disfruta pintando y en su tiempo libre le gusta ir de excursión, actuar y escuchar música jazz.

Fernando Molinari was born in Argentina. He has been drawing and painting since childhood. His books of magical characters reflect the world of fantasy that filled his imagination as a child. Fernando enjoys painting, and in his free time he enjoys hiking, acting, and listening to jazz music.

Cronología

1942   Isabel Allende nace en Lima, Perú.

1945   La madre de Isabel anula su matrimonio con Tomás Allende y regresa a Chile con sus tres hijos para vivir en la casa de sus padres.

1953-1958   La madre de Isabel se casa con Ramón Huidobro, quien es destinado a Bolivia y Beirut. En Bolivia, Isabel asiste a una escuela americana y en Beirut a una escuela inglesa.

1958   Isabel regresa a Chile para terminar sus estudios secundarios.

1959–1965   Isabel trabaja para la FAO (Organización de las Naciones Unidas para la agricultura y la alimentación).

1962   Isabel se casa con Miguel Frías.

1963   Nace su hija Paula.

1966   Nace su hijo Nicolás.

1967–1974   Escribe para la revista *Paula*.

1973   Golpe de estado en Chile el 11 de septiembre, encabezado por el General Augusto Pinochet. Muere Salvador Allende. Se sospecha que es asesinado.

1973–1974   Colabora en la revista para niños *Mampato*. Publica dos cuentos para niños, *La abuela Panchita* y *Lauchas y lauchones*.

1975   Isabel y su familia se trasladan a Venezuela, donde vivirán trece años.

1981   Al recibir la noticia de que su abuelo de 99 años se está muriendo, Isabel comienza a escribirle una carta que se convertirá en el manuscrito de *La casa de los espíritus*.

1982   Se publica en español *La casa de los espíritus* (Plaza & Janés).

1984   Se publican en español *La gorda de porcelana* (Alfaguara) y *De amor y de sombras* (Plaza & Janés).

1985   *La casa de los espíritus* se publica en inglés (Knopf).

1987   Se divorcia de Miguel Frías. Se publica *Eva Luna* en español (Plaza & Janés) y *De amor y de sombras* es publicado en inglés (Knopf).

1988   Se casa con Willie Gordon en San Francisco. Residen hasta hoy en San Rafael, California. *Eva Luna* es publicado en inglés (Knopf).

1989   Se publica *Cuentos de Eva Luna* en español (Plaza & Janés).

1990   Isabel regresa a Chile después de 15 años de ausencia para recibir el premio Gabriela Mistral.

1991   Se publica *El plan infinito* en español (Plaza & Janés) y *Cuentos de Eva Luna* en inglés (Atheneum). Paula sufre un ataque de porfiria y entra en coma.

1992   Paula muere.

1993   *El plan infinito* se publica en inglés (HarperCollins).

1994   Se publica *Paula* en español (Plaza & Janés).

1995   *Paula* es publicado en inglés (HarperCollins).

1997   Se publica *Afrodita* en español (Plaza & Janés) y en inglés (HarperCollins).

1998   Recibe el premio Dorothy and Lillian Gish.

1999   Se publica *Hija de la fortuna* en español y en inglés (HarperCollins).

2000   Se publica *Retrato en sepia* en español (Plaza & Janés).

2002   Se publica *La ciudad de las bestias* en español (Plaza & Janés) y en inglés (HarperCollins). Se publica *Retrato en sepia* en inglés (HarperCollins).

Chronology

1942   Isabel Allende is born in Lima, Peru.

1945   Isabel's mother annuls her marriage to Tomás Allende and returns to Chile with her three children to live in her parents' house.

1953–1958   Isabel's mother marries Ramón Huidobro, who is assigned to Bolivia and Beirut. In Bolivia, Isabel attends an American school, and in Beirut an English school.

1958   Isabel returns to Chile to finish high school.

1959–1965   Isabel works for the FAO (Food and Agriculture Organization of the United States.)

1962   Isabel marries Miguel Frías.

1963   Her daughter Paula is born.

1966   Her son Nicolás is born.

1967–1974   She writes for *Paula* magazine.

1973   Coup d'état in Chile on September 11th, lead by General Augusto Pinochet. Salvador Allende dies. It is suspected that he was assassinated.

1973–1974   She writes for the children's magazine *Mampato*. She publishes two stories for children, *La abuela Panchita* [Grandmother Panchita] and *Lauchas y lauchones* [Little Mice and Big Mice].

1975   Isabel and her family move to Venezuela, where they live for thirteen years.

1981   When she receives the news that her 99-year-old grandfather is dying, Isabel begins to write him a letter that will become the manuscript for *The House of the Spirits*.

1982   *The House of the Spirits* is published in Spanish (Plaza & Janés).

1984   *The Voluptuous Porcelain Figure* (Alfaguara) and *Of Love and Shadows* are published in Spanish (Plaza & Janés).

1985   *The House of the Spirits* is published in English (Knopf).

1987   She divorces Miguel Frías. *Eva Luna* is published in Spanish (Plaza & Janés) and *Of Love and Shadows* is published in English (Knopf).

1988   She marries Willie Gordon in San Francisco. They reside in San Rafael, California, up to the present. *Eva Luna* is published in English (Knopf).

1989   *Stories of Eva luna* is published in Spanish (Plaza & Janés).

1990   After fifteen years abroad, Isabel returns to Chile to receive the Gabriela Mistral Award.

1991   *The Infinite Plan* is published in Spanish (Plaza & Janés) and *Stories of Eva Luna* is published in English (Atheneum). Paula suffers a porphyria attack and goes into a coma.

1992   Paula dies.

1993   *The Infinite Plan* is published in English (HarperCollins).

1994   *Paula* is published in Spanish (Plaza & Janés).

1995   *Paula* is published in English (HarperCollins).

1997   *Aphrodite* is published in Spanish (Plaza & Janés) and in English (HarperCollins).

1998   She is awarded the Dorothy and Lillian Gish Prize.

1999   *Daughter of Fortune* (HarperCollins) is published in Spanish and English.

2000   *Portrait in Sepia* is published in Spanish (Plaza & Janés).

2002   *City of the Beasts* is published in Spanish (Plaza & Janés) and in English (HarperCollins). *Portrait in Sepia* is published in English (HarperCollins).